Couverture inférieure manquante

VOYAGE

A

ABÉOKOUTA

PAR

M. HOLLEY

DES MISSIONS AFRICAINES DE LYON

Missionnaire à la Côte des Esclaves (Afrique occidentale)

LYON

IMPRIMERIE MOUGIN-RUSAND

3, rue Stella, 3

1881

VOYAGE

A

ABÉOKOUTA

CÔTE DES ESCLAVES (Afrique occidentale). — Groupe de noirs d'Abéokouta, d'après une photographie.

VOYAGE

A

ABÉOKOUTA

PAR

M. HOLLEY

DES MISSIONS AFRICAINES DE LYON

Missionnaire à la Côte des Esclaves (Afrique occidentale)

LYON

IMPRIMERIE MOUGIN-RUSAND

3, rue Stella, 3

—

1881

VOYAGE

A

ABÉOKOUTA

DE LAGOS A ICHÉRI

Abéokouta, la terre promise des missionnaires africains, vient de nous ouvrir tout à coup ses portes dans des circonstances providentielles. Si comme Moïse je ne devais pas y entrer, je désirais au moins la voir de loin, c'est-à-dire en passant. Une permission de quinze jours m'a donc été accordée pour visiter la grande cité africaine ; M. Chausse, voulant se rendre compte par lui-même des dispositions du chef d'Abéokouta, résolut au dernier moment de profiter de la même occasion. Cette course apostolique, pensait-on, serait utile d'une manière ou de l'autre, et procurerait certainement la gloire de Dieu. Le voyage fut donc décidé ; nos préparatifs ne furent ni bien longs, ni bien compliqués ; armés de notre croix et de notre bréviaire, nous étions déjà prêts que nos canotiers réfléchissaient encore. Il leur fallut plusieurs jours pour s'organiser : tant que le noir, en effet, possède quelques cauris, il se repose, boit et mange sans penser à l'avenir. Nos canotiers fixèrent enfin notre départ au 28 juillet, à sept heures du matin. Nous

étions prêts, du moins nous croyions l'être ; la Providence
en avait décidé autrement.

A peine étions-nous arrivés à la lagune, que nos hommes,
prétextant le mauvais temps et la force du courant, nous
renvoyèrent au lendemain ; bon gré malgré il fallut se ré-
signer et attendre : au chant du coq, nous devions partir.
Dieu qui avait permis ce retard, nous ménagea l'occasion
d'en profiter. M. Colonna de Léca, ayant appris notre con-
tre-temps, vint le soir prendre chez nous quelques minutes
de récréation ; nous parlâmes naturellement de notre
voyage, et, comme il n'en coûtait rien, nous bâtissions, à
qui mieux mieux, des châteaux en Espagne. Ce Français,
d'un dévouement sans pareil pour les missionnaires, ma-
nifesta, séance tenante, le désir d'attacher son nom à la
première station qui serait établie à Abéokouta ; il offrit
donc les cadeaux qui devaient, selon lui, suffire à l'achat du
terrain. Comment refuser ? A partir de ce moment, notre
désir se changea en espérance, et nous rendîmes grâces à
Dieu pour le retard qui nous avait contrariés le matin, et
qui maintenant nous paraissait d'un si bon augure.

29 juillet. — Sur le seuil de la porte, avant de dire adieu
aux confrères, nous nous regardâmes :« Si vous emportiez,
si nous emportions une clochette ! » Telle fut l'exclamation
qui sortit de toutes les bouches ; personne n'y contredisant,
nous en prîmes une qui était lasse de ne rien faire. Pendant notre voyage, nous tintions l'*Ave Maria* le matin, à
midi et le soir ; quand notre pirogue abordait à un village
où nous devions passer la nuit, la clochette sonnait notre
arrivée ; le lendemain elle donnait le signal du départ.

Notre pirogue, longue de plus de douze mètres, n'a pas
soixante centimètres de large. Pour la circonstance, elle
fut pompeusement décorée du nom de Saint-Pierre.

Sous la petite tente qui devait nous protéger contre les
rayons du soleil, nous étions obligés de garder la position

horizontale sous peine de renverser l'échafaudage mal assuré qui la soutenait. Pendant que nous récitions les prières de l'itinéraire, demandant à Dieu de nous préserver de tout danger, notre pirogue entrait dans le grand lac Corodon ; bientôt le *Saint-Pierre* prit la direction du nord, et, deux heures après, nous pénétrions dans le canal de l'Ogun. Nous avancions lentement à travers cet immense bois de palétuviers. Nous les voyions projeter dans la vase des bourbiers les nombreux filets de leurs racines dont l'ensemble forme, à quelques mètres au-dessus de l'eau, des troncs parfois énormes. On ne s'attendait guère à trouver des habitations au milieu de ces palétuviers ; nous rencontrâmes cependant vers onze heures un village appelé Abgoï, première étape pour les canotiers allant de Lagos à Abéokouta. Pendant que nos deux hommes prenaient leur dîner, nous causions avec les noirs du village, au grand étonnement de tous. Il leur paraissait impossible que nous pussions comprendre leur langue ; de là des cris de joie témoignant leur satisfaction.

A peine sortis du canal, nous entrâmes dans un torrent rapide qui s'élargit un peu. Les rives sont bordées de grands bombax, de vigoureux cotonniers, qui servent d'appui aux lianes souples et élégantes. Çà et là des berceaux de fleurs rouges et blanches tapissent avec grâce ces géants de la lagune, et offrent un coup d'œil enchanteur. Sur ce fond de verdure, de végétation luxuriante, se détachent de nombreux palmiers nains dont la feuille contraste agréablement avec celle des autres arbustes. Quelques antres, repaires du caïman et de l'hippopotame, rompent de loin en loin la monotonie du spectacle. Notre pirogue rencontra dans la journée de nombreux esquifs qui se laissaient emporter par le courant. Nous échangions alors d'interminables saluts avec les noirs qui les dirigeaient ; c'étaient des bénédictions à n'en plus finir : « Que ton chemin soit bon !

Ne reste pas longtemps ! Que tu sois bien reçu ! — Je te salue à ton arrivée ! Salut au chef de la pirogue ! Salut à la pirogue ! Salut à ceux qui sont dedans ! Bon voyage pour tout ce qui t'appartient ! Que Dieu bénisse ton chemin ! » et mille autres souhaits qu'il serait trop long de rapporter. Vers trois heures du soir, nous saluâmes le petit village d'Oricha, et le souvenir de M. Borghéro qui y aborda autrefois.

Nos canotiers se montrèrent peu courageux pendant cette première journée; à cinq heures du soir notre *Saint-Pierre* avait déjà pris place au milieu d'un grand nombre de pirogues, devant Icheri (Iseri). Célèbre autrefois et bien peuplé, ce village était la capitale d'un royaume portant le même nom. Il est encore entouré des fossés que firent ses anciens habitants pour résister à l'invasion des Ijébous. Aujourd'hui il n'existe qu'un nombre restreint de maisons ; on ne voit que les ruines de celles qui furent détruites par les ennemis. « J'étais jeune fille encore, nous disait une vieille négresse dont les cheveux étaient blancs, quand ma patrie fut dévastée par les voleurs Ijébous. » Partout on nous accueillit avec de grandes marques de sympathie. Des enfants nous guidaient pour visiter le village. Il est divisé en deux quartiers séparés, celui des malais où l'on voit de belles chèvres et de gras agneaux; celui des payens qui respire la pauvreté et dont les rues peuplées de fétiches sont bordées d'amas de terre encore ruisselant d'huile de palme.

Sur les rives du fleuve les feux commençaient à s'allumer, les noirs par groupes de quatre ou cinq fumaient et causaient ; le plus jeune préparait le carourou. Nous adressâmes la parole successivement à tous, et ils rivalisèrent de politesse et de complaisance. Passer la nuit à terre eût été préférable, mais le *Saint-Pierre* devant, disait-on, lever l'ancre de grand matin, nous prîmes le parti de dormir à bord.

II

D'ICHÉRI A ABÉOKOUTA

30 juillet.— De grand matin nous quittions Ichéri, et grâce à la brise légère qui emportait les moustiques nous pûmes reposer un peu. Il était près de neuf heures quand nous relâchâmes à *Go-Houn*, village perché sur la rive gauche du fleuve à plus de cent pieds au dessus du courant. Go-Houn ressemble à tous les villages nègres ; qui en a vu un les a tous vus. Ce qui frappa le plus mon attention fut une albinos dont la chevelure d'un jaune sâle et repoussant contrastait désagréablement avec celle des autres indigènes. Retirée à l'écart où la honte la retenait, elle fut la seule qui ne vint pas nous saluer. Dans la soirée nous aperçûmes les premiers perroquets dont les cris perçants étourdissaient nos oreilles. Il faisait nuit noire quand notre pirogue aborda dans une petite crique couverte de grands arbres : c'était un véritable coupe-gorge. Cinq ou six maisons au plus qui formaient tout le village d'Oba s'étaient donné le luxe d'un chef de guerre.

A peine avions-nous gravi la rive au pied de laquelle nous avions jeté l'ancre qu'on nous offrit à acheter un gros singe encore tout saignant. N'allez pas croire qu'on lui enlève la peau ; à quoi bon ? Une fois coupé par tranches, on le fait griller. Quelques semaines après, quand il a figuré sur tous les marchés voisins, il finit par être vendu à quelque gros propriétaire qui en fait un appétissant carourou. Nous le payâmes cinq têtes de tabac. Nous avions avec nous un enfant de la mission qui doit savoir faire la cuisine puisqu'il est noir ; il écorcha la bête tant bien que mal et pendant qu'il la faisait griller le sommeil nous gagna. Notre *Saint-Pierre* nous attendait; nous rampâmes comme nous pûmes à notre tente, nous promettant un bon carouron pour le lendemain.

La nuit fut une véritable lutte contre les moustiques ; j'entendais de son côté notre pauvre enfant se battre les flancs sans relâche et pousser de longs soupirs ! Je le croyais occupé comme nous à faire la chasse aux insectes ; il était aux prises avec de grosses fourmis noires, redoutables entre toutes par leurs brûlantes morsures. Montées à l'abordage par la corde qui retenait notre pirogue à terre, elles avaient tout envahi, on aurait dit qu'elles nous avaient épiés pendant que nous préparions notre singe, car là surtout elles s'étaient donné rendez-vous et nous fûmes réduits à manger leurs restes. Ignorant le danger, l'enfant avait caché une demi-boîte de sardines sous la natte où il dormait, deux colonnes de ces insectes voraces l'avaient presque vidée; gênées au milieu de leur festin par les mouvements de l'enfant, elles avaient attaqué ou s'étaient défendues : de là les tracasseries nocturnes qu'endura notre pauvre Antoine. On dut vider la pirogue et passer le feu à travers les bataillons serrés de nos infatigables ennemies ; et comme si ce n'était assez des nombreuses morsures dont elles nous gratifièrent, elles nous occasionnèrent une grande perte de temps.

31 juillet. — Nous avions hâte d'en finir avec ce vilain endroit et il était plus de neuf heures quand on eut tout remis en place. A partir de ce moment, il nous fut impossible de rétablir notre tente, nous dûmes rester toute la journée exposés aux ardeurs du soleil, essayant de nous en préserver le mieux possible. Dans la matinée l'occasion se présentant, j'abattis d'un seul coup de fusil trois passereaux de la

grosseur d'un merle : à peine les avions-nous ramassés que nos canotiers nous montrèrent un énorme caïman dormant au soleil sur un tronc d'arbre déraciné. Nous n'étions qu'à une quinzaine de mètres de lui. Quand je lui lâchai mon coup de fusil dans la mâchoire entr'ouverte, il tomba à l'eau, mais il était réservé à d'autres de profiter de cette proie appétissante, nous n'avions pas le temps d'attendre que la bête reparût, car le courant nous emportait en arrière.

Le cours du fleuve, en effet, est très rapide à certains endroits, nous avons eu l'occasion de le remarquer dans la soirée ; les canotiers côtoient le bord avec plus de soin, se sentant incapables de lutter contre le courant.

La végétation est abondante, riche, prodigieuse, et la puissance du Créateur se manifeste visiblement dans ces cotonniers dont un grand nombre atteignent des proportions dont il est difficile de donner même une idée. Aussi saisis d'admiration, plus d'une fois nous aurions voulu pouvoir nous arrêter. Ces magnifiques voûtes de liserons étendus avec grâce, ces arbustes et ces arbres formant avec eux des grottes naturelles, ces guirlandes de fleurs et de feuillage décorant avec goût le fond de ces gracieuses retraites, tout montre combien la Providence a pris plaisir à orner et à embellir ces lieux privilégiés. Quand nous relâchâmes à Ore, nous trouvâmes bon nombre de pirogues qui nous avaient devancés. Instruits par l'expérience, ayant à réparer le sommeil de deux nuits perdues, nous nous hasardons à dormir dans le village, couchés sur notre natte, enroulés dans nos couvertures. Environnés de noirs qui ne tardèrent pas à ronfler, nous nous recommandons à Dieu et à saint Pierre ; quelques minutes après, nous dormions du meilleur sommeil.

1er août.—La nuit fut très bonne, le sommeil réparateur ; nous craignîmes un instant que le temps qui était au beau

depuis notre départ ne changeât tout à coup ; il n'en fut
rien et la journée fut brûlante comme les autres ; de
légers nuages vite dissipés voilèrent un instant les rayons
d'un soleil de feu, ce fut tout. Vers onze heures du matin,
l'aspect du pays changea subitement. A la place du coton-
nier, du bombax qui deviennent très rares, nous re-
marquons de nombreux palmiers ; les rives de l'Ogun
n'offrent plus à nos yeux qu'une bordure uniforme de
longues herbes à peine entrecoupées çà et là de quelques
arbustes. Quelques heures après, les palmiers eux-mêmes
deviennent très rares ; de vastes champs de maïs nous
annoncent que nous trouverons bientôt des noirs intelli-
gents et laborieux. En effet, les villages que nous avons
visités jusqu'ici respiraient plutôt la misère et la pauvreté.
Celui où nous abordons vers midi a une apparence d'ai-
sance. A Tecpana (c'est le nom de ce village) nous sommes,
comme partout, accueillis avec empressement, tout le
monde se montre sympathique, c'est à qui nous témoignera
le plus de bonté ; grâce à notre tabac, nous nous procurons
du vin de palme et de l'igname pilée. Les femmes, les enfants, prenant cette voix plaintive et douce qui sied si
bien au nago, nous suppliaient de leur donner de petites
pièces d'argent dont elles sont très friandes pour faire des
anneaux ; elles les soudent sur une bague quelconque et
sont fières de porter à leur doigt la face blanche d'un souverain couronné.

En sortant de ce village, nous rencontrons un cadavre
emporté par le courant, c'était le second depuis la veille ;
dans la soirée, nous fûmes attristés par la vue de deux nou-
veaux cadavres mutilés se suivant à peu de distance. On
nous assurait que c'étaient ceux de prisonniers de guerre,
nous sûmes après que c'étaient des voleurs exécutés à
Abéokouta. Le soir, nous dûmes forcément relâcher dans
un endroit solitaire pour passer la nuit. Un oiseau à gros

bec, espèce de perroquet noir que j'avais tué la veille, un peu de bouillie de farine de maïs et un verre d'eau, tel fut notre souper et nous le trouvâmes excellent. La peur des serpents et des fourmis nous retint à bord. Nous nous recommandons à saint Pierre et lui demandons d'avoir pour agréable le sacrifice que nous acceptons de n'avoir pu célébrer sa fête. Quant à nos canotiers, peu rassurés, ils allumèrent de grands feux pour effrayer les bêtes...

Nous voici enfin sur la route de la capitale où nous étions attendus. Chemin faisant, nous traversons le champ de bataille immortalisé par la défaite du Dahomey. Aux portes de la ville, l'*onibode* (décimaine), un borgne à moitié ivre, les épaules couvertes d'un pagne d'une saleté dégoûtante, nous arrêta, essaya de compter nos colis, les doubla, les dédoubla, les multiplia tellement dans son imagination, que nous dûmes payer quinze francs. Plus tard, quand nous le menaçâmes de le livrer au chef de guerre, il nous répondit en se frappant l'estomac : « La faim me tue. »

Après plus d'une heure et demie de marche, nous arrivâmes enfin chez Marcolino, le catholique, qui nous attendait. Il mit à notre disposition quatre chambres et une large véranda, c'est tout ce que nous pouvions espérer de plus complet dans la ville. Nous nous installons le mieux possible, plaçant dans un coin notre clochette.

Vous avez, sans doute, entendu parler d'Abéokouta ; laissez-moi donc vous dire ce que nous avons vu et entendu, afin qu'il vous soit facile de comprendre les évènements que notre présence a fait surgir. Abéokouta *(abe,* dessous ; *okouta,* pierre) tire son nom des nombreux rochers granitiques au pied desquels sont bâties les cases des différents quartiers ; située sur la rive gauche de l'Ogun, au 7° 8' de latitude nord et au 1° 25' de longitude est, la ville renferme une multitude de villages, de tribus, parlant la même langue, conservant toutes encore des restes de leur ancienne indépendance. Il y a soixante ans, cette cité n'existait pas ; les cavernes servaient d'asile à des bandes organisées de voleurs et d'assassins qui détroussaient les caravanes et les commerçants. C'est depuis cette époque que plus de 140 villages, ou petits royaumes, parfaitement indépendants les uns des autres, désirant se soustraire à des invasions annuelles d'ennemis plus puissants, prirent le parti de se réfugier au pied de ces rochers. Ces fuyards étaient tous des Egbas, et formaient la branche la plus courageuse des Nagos. Le premier roi qui déserta et prit possession avec ses sujets de toute la terre d'Abéokouta, porte encore le nom du pays qu'il quittait « Onitoko. » La terre lui appartenait. Mais, au fur et à mesure que d'autres villages, fuyant devant l'ennemi, venaient demander protection, le roi de Toko ou « Onitoko » leur concédait un terrain assez grand pour la nouvelle tribu. De toutes ces tribus réunies, il ne reste que sept royaumes : Alake la capitale, Olowu, Olidomapa, Ilungun, Onitoko, Agura et Onilado.

Chaque roi est élu à vie par ses sujets ; seul celui de la capitale, Alake, d'abord choisi par les Agbalaba, « hommes libres, » a besoin du suffrage de tous les chefs d'Abéokouta pour que son autorité soit acceptée. Le roi actuel a le malheur d'être pauvre, aussi la république des Egbas refuse-t-elle de le reconnaître ; de là des intrigues et des querelles interminables. Les ministres du souverain sont les Ogboni, qui forment une espèce de franc-maçonnerie. Ils sont les maîtres du pays et passent pour posséder un secret : ce secret ne paraît être autre chose qu'une série de moyens connus d'eux seuls, propres à gouverner le noir, à l'exploiter et à paralyser chez lui l'influence européenne. C'est à eux qu'incombe aussi le soin de rechercher et de punir les voleurs et les assassins ; quand un malfaiteur tombe entre leurs mains, ils le jugent, l'exécutent, et la tête de la victime reste exposée au bout d'une pique pendant plusieurs jours. Dans un pays comme celui-ci, continuellement en hostilité avec ses voisins, on comprend que les guerriers et leurs chefs ont nécessairement une influence décisive dans toutes les affaires d'un intérêt général.

La population augmente chaque jour, soit que des villages entiers, poursuivis par les Amazones du roi d'Abomey, s'empressent d'aller reconnaître un des sept chefs, soit que les Egbas fassent des prisonniers qui accroissent le nombre déjà si prodigieux des esclaves. Aussi, après trois semaines de courses à pied ou à cheval, après avoir parcouru la plupart des quartiers de la ville ainsi que les vastes marchés qui s'y tiennent chaque jour, après avoir promené longtemps nos regards sur les innombrables cases bâties au pied des rochers qui nous servaient d'observatoire, nous fondant, d'ailleurs, sur des renseignements divers et certains, nous affirmons, M. Chausse et moi, qu'Abéokouta ne compte pas moins de 200,000 noirs.

Il m'est bien difficile de préciser le développement de l'enceinte fortifiée de la ville ; les murs bâtis en terre, et qui ont une longueur de 35 kilomètres, selon M. Berghéro, ne sont rien en comparaison des remparts naturels formés par les rochers qui barrent le passage du côté de l'est et du sud. Les plaines et les collines sont couvertes de riches plantations. La tige desséchée du maïs se mariant à la touffe verte de l'igname et du manioc, donne à ces vastes cultures l'aspect d'immenses vignobles symétriquemen arrangés.

III

SÉJOUR A ABEOKOUTA.

Je reviens au 2 août, à cinq heures du soir. A peine étions-nous arrivés, qu'Ogudipe nous envoyait saluer. A vrai dire, c'est le dictateur d'Abéokouta. Élu général en chef de tous les guerriers réunis en un seul corps d'armée, il est le seul qui soit indépendant, qui puisse trancher une question sans avoir à craindre que sa décision soit modifiée. Ce chef de guerre aurait une taille élevée s'il n'était déjà courbé par l'âge et les fatigues ; deux petits yeux brillants donnent à sa figure froide et ridée une expression de vigueur peu commune. D'une bravoure héroïque, Ogudipe a conquis par son intelligence et son sang-froid une influence telle, qu'il est devenu l'arbitre de tous les partis. Il jouit d'une popularité immense, grâce aux nombreuses rations de tafia qu'il distribue chaque jour et aux autres largesses dont il sait payer les services de ses fidèles. Depuis quelques années, Abéokouta est devenu le théâtre où opèrent de nombreux voleurs : or, le général en chef, juge dans la plupart des cas, ne fait jamais grâce à aucun bandit. Aussi son nom fait-il trembler les malfaiteurs, car tous savent que sa sentence est sans appel. Nous connaissions aussi son influence, et c'était à lui que M. Chausse avait adressé une lettre, annonçant notre intention de visiter la ville. Cette prévenance avait suffi pour nous assurer sa protection : dès le soir, un envoyé nous disait que nous n'avions rien à craindre, que nous étions chez nous.

Côte des Esclaves. — Vue prise d'Abéokouta; d'après une photographie communiquée par un ancien missionnaire.

Le 3 août, dès le matin, nous reçûmes la visite des deux chefs de guerre de la capitale ; ils venaient nous saluer au nom de leur roi et nous avertir que dans la matinée nous aurions une audience. Bientôt, en effet, précédés de deux ou trois amis, catholiques et protestants, revêtus de nos soutanes blanches et portant notre croix, nous nous rendîmes chez le prince. Le palais, si on peut donner ce nom à une réunion de cases tombant en ruine, était peu éloigné de notre demeure ; en entrant, je faillis être renversé par les chèvres qui se précipitaient dehors pour nous céder la place.

Le roi, un vieillard plus que centenaire, était plutôt couché qu'assis sur sa natte, les épaules couvertes d'un pagne dê soie déjà bien râpé. Près de lui se tenaient deux petits enfants : ils répondaient aux souhaits qu'on adressait au prince : « *Oluwa nki e.* Mon maître te salue. » Tandis que les noirs, étendus à plat ventre, collaient leurs joues sur la terre, d'autres faisaient claquer leurs doigts en frappant vigoureusement le sol du pied ; chacun, selon son rang, se conformait au cérémonial voulu. Nous fûmes dispensés de cette étiquette un peu gênante : le roi nous offrit la main, et nous dûmes la serrer vigoureusement. « *Ai oyimho kekere,* ah ! petit blanc, » dit-il en me voyant. Il nous fit asseoir sur des chaises qu'il avait sans doute empruntées ; les gens de la cour étaient sur des nattes. Le roi se plaignit amèrement de la conduite de notre hôte, qui ne l'avait pas averti à temps de notre arrivée ; aussi le pardon ne lui fut-il accordé qu'à la suite d'un discours prononcé par un certain John Man, lequel, quoique protestant, se montrait déjà tout dévoué. Le monarque nous assura qu'il était content de notre visite, qu'il aimait les *Aguda* (Portugais et Français), qu'il serait heureux de nous voir dans sa capitale. En finissant, comme s'il eût senti le besoin d'affirmer sa puissance, il ajouta : « Ogudipe est de ma maison, il ne peut vouloir que ce que je veux. » Nous sortîmes assez bien impressionnés.

Le lendemain, nous apprenions que les protestants établis depuis longtemps ici s'étaient émus et formaient le
complot d'entraver les efforts qu'on ferait pour nous garder. Notre cause comptait pourtant quelques amis dans le
camp hérétique : l'un d'eux, ce même John Man dont j'ai
déjà cité le nom, appartenait à la famille royale d'Onitoko.
Il avait plaidé pour les catholiques auprès du roi, son
frère, et le 4 au soir, pendant que nous soupions, il arriva
tout rayonnant.

« Le roi de Toko, nous dit-il, vous fait savoir qu'il met
« un terrain à votre disposition et qu'il serait heureux de
« vous voir. »

Nous nous empressâmes de nous rendre à ses désirs.
Une réception princière nous attendait. Les fétiches peints
à neuf, des armes de guerre de tout genre, étaient sortis
de leur retraite ; tout ce qu'il y avait de nattes, de tapis
dans la case, avait été étendu pour nous, pour les femmes du chef, pour ses cabécères, en un mot pour sa nombreuse maison. Nous attendions depuis quelques instants
quand le roi, un vieillard d'une taille très avantageuse,
arriva, la tête ceinte d'une couronne et drapé dans un magnifique pagne de velours vert. Tout le monde se prosterna
à terre pour le saluer ; lui, cependant, était mollement
couché sur une natte du pays et s'appuyait sur un coussin
richement orné d'arabesques, pendant qu'une femme couvrait ses pieds et ses jambes d'une belle pièce d'étoffe
rouge... Un long silence avait suivi l'entrée du monarque,
personne n'osait souffler mot ; il promenait ses regards
autour de lui, et semblait réfléchir. Le conseil des anciens,
des *ogboni*, fut enfin appelé : il s'approcha du prince ; tous
se consultèrent longtemps à voix basse. Le premier orateur
termina son discours par ces paroles dignes d'être remarquées :

« Cette terre d'Abéokouta est la tienne, ô roi, tu peux en
« disposer ; ces hommes qui viennent à toi sont des blancs,
« mais ils ne s'occupent point de commerce et ignorent ce
« que c'est que l'intrigue ; ils prient et enseignent à prier ;
« ils apprendront à nos enfants à lire le nago et à parler
« de Dieu ; ils sont deux pour ce grand travail, c'est trop
« peu. Roi, c'est Dieu qui t'envoie ces hommes de prières,
« pourrais-tu ne pas les recevoir? »

En finissant, il se prosterna et regagna sa place. D'autres conseillers s'exprimèrent dans le même sens ; le vieux
roi, se recueillant un instant :

« Cette terre, en effet, est la mienne, dit-il, je puis en
« donner à qui je veux ; prenez-en à droite, prenez-en à
« gauche, prenez-en une étendue aussi grande que vous vou-
« drez. Non loin de la maison de Marcolino est un vaste
« terrain, je vous le cède ; si quelqu'un vous inquiète,
« envoyez-le trouver le roi de Toko. Cet homme qui vous
« conduit, et il désignait de la main John Man, est mon
« frère, il me répondra de vous ; je veux qu'il vous intro-
« duise partout où vous le désirerez. »

Nous n'avions pas assez de paroles pour remercier ce
bon roi ; nos vœux étaient exaucés, sans que nous ayons
rien demandé! Mon cœur était rempli d'espérance. Non
content de nous accorder un terrain, le monarque voulut
encore nous donner un sac de cauris pour que nous ne pussions garder de lui qu'un très bon souvenir.

En sortant de la case royale, nous prîmes le chemin de
la maison d'Ogudipe. Le généralissime n'était pas au quartier général, il présidait une assemblée chez le roi d'Onilado ; nous prîmes donc le parti d'aller à la rencontre du
chef suprême.

« Devant la maison royale, sur une grande place, à l'om-
bre d'un arbre gigantesque, était assise une foule immense.
En arrivant, je cherchai des yeux ce fameux Ogudipe dont

on m'avait dit tant de choses. Je ne l'aurais pas trouvé si on ne me l'avait montré. Le général de toutes les armées, celui-là même dont le nom effraye les Ibadans, portait un simple caleçon (voir la gravure), tandis que les derniers venus de ses guerriers se drapaient dans de magnifiques pagnes aux couleurs voyantes.

En revanche, il avait des lunettes montées en argent et fumait dans une pipe en fer forgée par lui-même ; comme passe-temps il travaille en effet les métaux avec une grande perfection ; on voit çà et là dans la ville des œuvres d'Ogudipe qui accusent autant d'habileté que de persévérance. Son arsenal, qu'il nous montra quelques jours après, est vanté dans tout le Yoruba ; il n'est pas un fusil européen qui ne soit représenté dans la ferraille du Vulcain d'Abéokouta, pas un sabre, pas une épée qui n'ait là son échantillon.

Nous attendîmes longtemps avant d'avoir notre tour ; une palavre était commencée, il fallait la poursuivre ; je ne dis pas la finir, car le noir termine rarement ce qu'il entreprend. Ogudipe pérora longuement ; de temps à autre il quittait sa place, exécutant devant la foule les danses les plus curieuses et les plus extravagantes. D'autres fois, pour réveiller l'attention, il composait un chant que ses guerriers répétaient en chœur, s'accompagnant de leurs mains qui frappaient en cadence. Malgré son grand âge, Ogudipe déployait une souplesse, une adresse extraordinaires, ses gestes excitaient de grands éclats de rire, mais lui restait sérieux ; son visage ne traduisait aucun sentiment.

En sa qualité de juge, il fit venir, séance tenante, un voleur, qui portait au cou une chaîne pesante ; ce pauvre prisonnier était plus mort que vif, et il ne pouvait soutenir le regard du général, connu pour sa haine féroce contre les bandits ; quelques jours auparavant, en effet, il en avait

Côte des Esclaves. — Ogudipe, chef de guerre d'Abéokouta.

tué trois lui-même et fait exposer les cadavres devant sa
porte. Le voleur savait tout cela. « Encore un de mort, »
se disait-on tout bas ; et le regard d'Ogudipe était loin de
signifier le contraire.

Il y avait trois heures que nous attendions, quand,
enfin, on nous présenta au général. Il nous offrit une
calebasse pleine d'eau, but le premier, nous bûmes après
lui. Cela signifiait que, de même que cette eau est froide,
ainsi nos relations doivent être pacifiques et n'avoir rien
de chaud ou de querelleur. Il fut d'avis qu'on nous permît
de nous établir dans la ville, puisque nous n'étions pas
Anglais et que nous ne nous mêlions point de *politique*.

Ogudipe était trop habile pour nous donner sa réponse
en public ; il leva brusquement la séance, emportant
lui-même sur ses épaules le grossier coussin sur lequel il
était assis, et nous accorda une courte audience privée
devant sa case. Il nous fit asseoir sur l'affût d'un canon, et
prit place à côté de nous ; de nouveau, il nous assura de
sa bienveillance, et se réserva de plaider notre cause auprès
des cabécères.

La nuit porte conseil ; M. Chausse eut l'heureuse idée
d'envoyer un beau cadeau à Ogudipe. La réponse ne se fit
pas attendre. « Patience et prudence ! » nous fit-il dire ;
puis, sachant que les hérétiques redoublaient de rage et
avaient résolu de nous mettre à la porte, il ajouta : « Si les
croyants ne veulent pas des Français, les croyants sorti-
ront les premiers et les Français resteront. » Ces mots
nous rassurèrent pleinement, car Ogudipe est l'arbitre de
toutes les questions ; personne n'oserait se permettre une
objection quand le maître a parlé. Donc, jugée par lui,
notre cause était gagnée sans retour.

Les paroles d'Ogudipe firent leur effet, les chefs de
guerre de la capitale et de Tessi nous visitèrent avec
plus d'assiduité et accentuèrent les bonnes dispositions

du roi d'Alake. Pour achever de nous les rendre favorables, nous leur donnâmes deux belles calottes. Ils voulurent alors nous connaître, et nous demandèrent des nouvelles de nos femmes. Vous dire leurs exclamations, leurs cris, leurs sourires d'incrédulité, quand ils apprirent que nous n'en avions pas et que jamais le Père blanc ne se marie, est impossible ; ils ouvraient la bouche, la fermaient, faisaient claquer leurs doigts, essayaient de voir dans nos yeux si nous disions vrai. De ma vie je n'ai été témoin de pareille surprise.

Le 8 août, M. Chausse inaugurait, pour ainsi dire, la mission catholique d'Abéokouta. Après la célébration des saints mystères, il donna le baptême à cinq enfants, qui seront, je l'espère, les prémices de ce nouveau champ du Père de Famille, champ encore si inculte et où il y a pourtant de si beaux germes.

Nous passâmes la journée à combiner des plans, à les défaire pour les rebâtir encore, car une grande question était pendante ; elle entravait la marche et retardait la réalisation de nos espérances. Le roi d'Alake ne se pressait pas de nous donner un terrain.

Un certain Johnson avait rapporté un drapeau aux couleurs anglaises qui portait le nom des royaumes d'Abéokouta; il prétendait l'imposer à la ville ; de concert avec le souverain de la capitale, il intriguait auprès des personnes influentes pour faire accepter sa bannière par les Egbas. De là une palavre qui mettait toute la cité en émoi; chaque jour, dans un quartier ou dans l'autre, se tenaient de longues séances où l'on s'encourageait mutuellement à n'adopter aucun drapeau.

Johnson, ayant appris notre arrivée, se faisait rendre un compte exact de tout ce qui se passait. Sachant qu'Ogudipe avait reçu une lettre du supérieur de la mission catholique, il en fit demander une pour le roi d'Alake, son partisan. Il espérait peut-être, il désirait sûrement nous faire entrer bon gré malgré dans la question brûlante du drapeau. Or, la lettre que M. Chausse écrivit était en portugais, non en anglais, comme le voulait Johnson. Vingt fois on essaya de surprendre notre bonne foi, mais notre Supérieur feignit de ne pas connaître l'anglais ; car, en voyant l'acharnement de Johnson et de sa suite à exiger une traduction anglaise de notre lettre, nous avions soupçonné quelque chose. Alors on fit courir sur notre compte les bruits les plus absurdes ; n'ayant pas réussi à nous faire passer pour des Anglais, les protestants avaient, une fois de plus, recours à leurs vieilles armes sans cesse rajeunies par la haine de Luther contre saint Pierre. Un jour ou l'autre l'orage devait éclater.

Le 12, vers midi, des détonations nombreuses nous annoncèrent que quelque chose d'important allait se passer. Nous savions déjà que le roi d'Alake tiendrait cour plénière ; mais pourquoi ? on paraissait l'ignorer. Intrigués, nous sortimes pour faire comme tout le monde : voir et entendre.

Nous arrivâmes sur la grande place, devant la case du roi d'Alake, juste au moment où Ogudipe la traversait suivi de toutes ses femmes armées de longs fusils à baïonnettes. Les décharges répétées des amazones annoncèrent l'ouverture de la séance. Une foule immense, pleine d'anxiété, attendait avec impatience pour savoir de quoi il s'agirait.

Quand Johnson parut, suivi du roi et de toute sa cour, on comprit que la question du drapeau allait être traitée. Johnson promenait sur l'assemblée un regard fier et audacieux ; son visage ne respirait ni crainte ni incertitude ; aucun nuage ne voilait son œil perçant ; on sentait en un mot qu'il se croyait assuré du succès. Invité à prendre la parole et à exposer clairement le sujet de toutes ses intrigues, il déplie avec une lenteur affectée le drapeau tout neuf qu'il tenait soigneusement renfermé, et commence d'un ton plein de confiance à rappeler les nombreux services qu'il avait rendu aux Egbas : nouveau Goliath, il défiait tout le monde et consentait à se battre non avec l'épée, mais avec la langue. Pendant qu'il pérorait ainsi, Ogudipe imitait ses gestes, contrefaisait le ton de sa voix et arrachait à la foule des éclats de rire qu'elle ne pouvait contenir. Il n'est pas jusqu'à la grosseur de la tête de Johnson qui ne fît l'objet de ses quolibets.

Ce n'était que le commencement, car le général traite toujours une question sérieusement quand elle en vaut la peine ; aussi le roi d'Alake suivait-il d'un œil inquiet le mouvement de la foule. Le chef de guerre prit le drapeau et en examina tous les détails. Ne sachant pas lire, il se fit expliquer les inscriptions : c'étaient les noms des royaumes d'Abéokouta; jusque-là, tout allait bien.

Johnson ayant fini son discours, un ogboni demanda la parole, et comme conclusion raconta l'apologue suivant : « Un noir voulant tuer un chien, ordonna à son esclave de prendre un morceau de viande, de le tremper dans l'huile de palme et de l'attacher au sommet d'un pieu. Attiré par l'odeur, le chien arriva, fit le tour du pieu en léchant les gouttes d'huile qui étaient à terre ; pendant qu'il examinait la viande, une goutte d'huile lui tomba sur le nez, et il la lécha. Il se demandait comment il ferait pour prendre le morceau entier, quand l'esclave, arrivant à l'improviste, l'assomma. Il en sera de même pour vous, Egbas. » Johnson essaya de riposter. Cependant Ogudipe examinait toujours le drapeau ; tout à coup il demanda ce que signifiait le dessin qui se trouvait au milieu englobant tous les noms. On lui répondit que c'était la couronne de la reine d'Angleterre. Ogudipe ne se possédait plus. « — Assez, « s'écria-t-il, assez de mensonges ; nous avons déjà trop

« parlé de ce drapeau : Johnson, emporte-le, et, si les
« blancs le permettent, va le planter au milieu de l'eau
« salée; ici, jamais; » puis se tournant vers les Egbas :
« — Egbas, en voulez-vous ? » Une longue clameur répondit à cette question... « — Nous ne le prendrons jamais... »

Atterré par ce dénouement inattendu, Johnson baissa
la tête, prit son drapeau, le roula au plus vite et quitta la
place, honteux et confus, poursuivi par les huées de la
foule. Le parti qui nous était contraire venait de recevoir
le coup de grâce. Ecrasé par la massue d'Ogudipe, il n'o-
sera plus relever la tête. Le roi d'Alake dut se sentir bien
humilié de cet échec; il le fut peut-être davantage, quand
Ogudipe lui ordonna de nous concéder un terrain le plus
tôt possible.

Le monarque devait attendre encore plusieurs jours
avant d'obéir. Nous fûmes alors témoins d'une quadruple
exécution. Deux voleurs, le père et le fils, voulant s'enrichir des dépouilles d'un voisin qui passait pour riche, s'as-
surèrent de la complicité de son jeune esclave. Ils prati-
quèrent un trou dans la muraille par lequel l'enfant péné-
tra dans la maison dont il ouvrit les portes. Pendant que
les autres emportaient tout ce qu'ils trouvaient, l'esclave
s'endormit et ses complices l'oublièrent. Pris sur le fait, il
avoua tout et dénonça les coupables. De peur qu'il ne devint
plus habile que ses maîtres, l'enfant fut condamné à mort
avec eux. On leur adjoignit le prisonnier que nous avions
vu quelques jours auparavant chez Ogudipe.

L'exécution des deux bandits eut lieu devant la maison
de leur grand-père, au profit de qui se faisaient tous les
vols. Ce dernier, avec un cynisme révoltant, était assis sur
le seuil de sa porte quand à deux pas de lui on immolait
ses propres enfants. L'exécuteur en chef donna le premier
coup de casse-tête à une des victimes ; ses aides se préci-
pitèrent sur elle et la frappèrent à outrance sur toutes les

parties du corps. Le dernier exécuté fut l'enfant, dont les cris fendaient le cœur ; mais l'arrêt qui le condamnait était irrévocable, et il subit le même sort que ceux qui s'étaient servis de lui. Comme on s'empressait d'enlever les cadavres, le chef de la justice ordonna qu'on les laissât dans la rue pendant une journée entière, afin que chacun pût les voir et les reconnaître.

Pour chercher une distraction à ce spectacle écœurant, le lendemain, dès sept heures, nous prenions la clef des champs. Le but de notre excursion était le dernier village assis entre les Ibadans et les Egbas : Oshiélé est comme un poste avancé d'où l'on peut épier les mouvements de l'ennemi. Montés sur des chevaux que nous devions à la complaisance de deux catholiques, nous suivîmes pendant trois heures un petit sentier qui traversait de belles cultures de manioc et de maïs. De nombreux noirs allaient et venaient portant sur leurs têtes les uns des ignames, d'autres du bois, des poules, des arachides, des oranges ; tous avaient leur fardeau, pas un enfant qui ne soutînt joyeusement son petit paquet. Les immenses champs que nous traversions étaient peuplés d'esclaves, qui nous envoyaient leurs saluts et leurs bénédictions. De loin en loin, nous les trouvions réunis en bandes nombreuses, habituellement auprès d'un ruisseau ; les fardeaux étaient déposés à terre, les hommes prenaient un bain, les petites filles allaient chercher de l'eau pour les plus grandes, les jeunes s'empressaient d'assister les vieux. Plus d'une fois, j'ai senti les larmes me venir aux yeux en voyant de tout petits enfants oublier leurs fatigues pour prodiguer à leur mère, ou même à une compagne d'esclavage des caresses qui semblaient les faire revivre. Il aurait fallu un cœur de bronze pour ne pas être ému en entendant les gémissements des vieillards pliant sous le faix qu'on leur avait imposé ; je souhaitais de tout mon cœur la fin de toutes ces souffrances et j'aurais voulu les partager pour l'amour de Jésus.

Enchantés de notre promenade à Oshiélé, nous reprî-
mes le chemin d'Abéokouta, où nous arrivâmes dans la soirée. Les Ibaloguns du roi de la capitale et de Tessi nous
attendaient : « Nous devions, disaient-ils, recevoir promp-
« tement un beau terrain des mains du roi d'Alake. » Ce
dernier avait l'air de se faire prier ; il n'était qu'embar-
rassé, car comment déposséder un propriétaire ? La chose
n'était pas si facile pour un prince sans autorité. Les
Egbas ne reconnaissent d'autre chef qu'Ogudipe. Le temps
n'existe plus ici où un roi cupide pouvait s'enrichir aux
dépens de ses sujets. Que le chef mande quelqu'un dans sa
case, si ce dernier est poli, il répond qu'il est pressé et n'a
pas le temps ; s'il a perdu tout respect, et cela n'est pas
rare, il refuse simplement de recevoir le messager porteur
de l'épée royale : « Je suis Egba, mon père vivait ici autre-
« fois, je suis fils de cette terre aussi bien que le roi... »
Tel est l'argument devant lequel s'arrête la puissance du
souverain d'Alake. Cependant, il avait à cœur de nous sa-
tisfaire ; il parlementa donc longtemps, et pria enfin un de
ses cabécères de lui céder un terrain pour le blanc. Il réus-
sit cette fois, et l'on nous annonça cette bonne nouvelle.

C'était pour nous la dernière formalité et rien de plus ;
car nous possédions déjà un magnifique emplacement que
nous devions à la générosité du roi d'Onitoko. On voit encore là les murs de la case où habitait, il y a trois ans, un
fameux sorcier objet de l'exécration universelle. Arikanki,
c'est le nom de cet assassin, avait une profonde connais-
sance des plantes, de la vertu propre à chacune d'elles : il
en usait sur une vaste échelle pour faire des poisons subtils
dont seul il avait le secret, et possédait une multitude de
recettes pour tuer sans être vu ou connu. Quelqu'un avait-
il eu le malheur de lui déplaire, aussitôt Arikanki se ren-
dait chez son ennemi, simulait une grande tristesse, profi-
tait de l'embarras de ceux qui l'entouraient pour répandre

dans la maison le poison qui devait tuer sa victime. Il se retirait plus content, et le lendemain il était le premier à annoncer la mort du malheureux. A peine lui avait-on dénoncé un rival, qu'il se hâtait de l'empoisonner. Ses propres frères tombèrent sous ses coups, au fur et à mesure qu'il crut devoir se défier d'eux. Quant à sa mère, elle n'échappa au poison qu'en consentant à devenir sa femme.

Mais ce crime excita tellement l'indignation du roi d'Onitoko, qu'il le fit chasser de son royaume. Arikanki vint alors s'établir dans le terrain que nous possédons. Sous prétexte de guérir les malades, il vendait des remèdes qu'on n'osait refuser et qui coûtaient toujours la vie à quelqu'un. Quand il sortait pour mendier un peu de farine ou d'igname, les enfants et les femmes prenaient la fuite, et les marchandes, redoutant sa puissance infernale, se hâtaient de lui donner tout ce qu'il demandait.

L'heure de la justice arriva. Un jour qu'Arikanki venait d'empoisonner un homme, il but force tafla, et finit par s'endormir ; on se réunit alors en foule pour s'emparer de lui et pour le tuer. On le lia avec deux fortes cordes, mais il les brisa successivement ; on eut recours à des liens faits de branches flexibles et solides ; pour la première fois, la science du féticheur resta impuissante. On le condamna à mourir de faim, et, pour rendre son supplice plus cruel, on attacha à ses pieds le cadavre froid de sa dernière victime. Personne n'osa franchir le seuil de la case du sorcier ; seuls quelques enfants, attirés par la curiosité, portèrent des provisions à ce misérable et prolongèrent ainsi son agonie pendant plus de vingt jours. Il poussait les cris les plus effroyables. Un jour, le silence se fit ; une troupe de jeunes curieux, armés de sabres et de grands couteaux, se hasardèrent à pénétrer dans la loge infecte de l'empoisonneur. On le remua avec un bâton pour s'assurer qu'il était réellement mort : et ce fut tout. Chacun voulut le voir et le

contempler, mais personne ne le jugeant digne de la sépul-
ture, on laissa exposés à l'air les deux cadavres attachés
ensemble. Les chiens se rassasièrent de la chair d'Arikăn-
ki et dispersèrent ses os dans tout le quartier.

Lorsque nos ouvriers déblayèrent le terrain, arrivés
devant la case du sorcier, ils s'arrêtèrent tout interdits,
refusant d'en abattre les murailles qui tombaient en ruines.
Dans un coin, il y avait des bouteilles encore à moitié
pleines de poisons. A la vue de cette pharmacie infernale,
les plus hardis n'osaient respirer.... On se regardait, on se
parlait à voix basse ; que faire ? Nul ne le savait.

Mais comment peindre l'effroi général, quand un des
noirs découvrit dans une touffe d'herbes le chef d'Arikanki.
Le pauvre esclave, armé de son grand couteau, se tenait
sur la défensive, n'osant ni avancer ni reculer. « Le sorcier
« est mort, lui dis-je, tu n'as rien à craindre ; d'ailleurs,
« le blanc est plus fort que lui. » Enhardi par le geste qui
accompagnait ces dernières paroles, il saisit la tête blanchie
d'Arikanki et la montra à ses compagnons. Un grand éclat
de rire suivit cet acte de courage, et l'on se raconta ce que
je viens d'écrire.

Le terrain que nous donna le roi de la capitale a son
histoire, comme le précédent. Avant de passer définitivement
entre les mains des catholiques, il fut le théâtre de sacrifices
humains ; aussi, pour apaiser les fétiches que le blanc veut
remplacer, le roi fit immoler des tourtereaux, quelques
chèvres et deux agneaux.

A vingt pas de ces derniers champs, se trouve un
troisième emplacement, sans contredit le plus beau de
tous. Il domine les environs, de là on peut plonger les
regards dans les vallées et sur les collines, couvertes de
riches cultures. Rien de vivant comme ces immenses plantations, qui ressemblent parfois à de grands marchés. On
assiste au va-et-vient perpétuel de ces milliers d'esclaves,

qui travaillent gaîment depuis le matin jusqu'au soir. Ce panorama avait de quoi nous tenter; pour arriver à notre but, nous eûmes recours à une petite industrie :

« — Du milieu de ce champ, disions-nous, on voit les mon-
« tagnes et les magnifiques plaines où poussent le maïs et
« le manioc ; si on nous le donne, nous pourrons bâtir une
« belle maison et des écoles pour les petites filles ; alors,
« nous ferons venir des femmes blanches qui ne se marient
« pas, et qui resteront toujours ici, pour aimer et instruire
« les enfants ; il faut beaucoup d'air frais à ces femmes qui
« viennent du pays du froid, ici ce serait bon pour leur
« santé ! »

« — *Toto ni* (c'est vrai), » disait-on.

Un chef de guerre, ayant appris que nous désirions ce terrain, fut indigné contre ceux qui nous aidaient à l'obtenir.

« — C'est là, disait-il, qu'on tuait autrefois les malfaiteurs ; on y faisait le mal ; je ne veux pas que mes amis
les blancs demeurent au milieu des morts. »

Nous n'eûmes pas de peine à lui prouver que c'était pour nous une raison de le désirer. Pourrions-nous, en effet, choisir un endroit plus convenable pour chasser à tout jamais Satan de cette retraite où il avait commandé en tyran et où il avait reçu les hommages d'une foule crain-tive et terrifiée? Encore quelques jours, et ce champ sera purifié et restauré ; la croix remplacera l'ignoble fétiche, élevé en l'honneur du père de l'impureté. Avant une semaine, nous aurons ouvert une école de nago et d'anglais. Grands admirateurs des *Aguda* (français et portugais), les Egbas nous donneront leurs enfants pour les instruire. On nous en a déjà promis beaucoup.

Qu'il nous serait facile de racheter des esclaves, si nous avions des ressources ! Après chaque expédition guerrière, et elles sont nombreuses, il suffirait de se rendre sur quelqu'une des grandes places où sont exposées pêle-mêle des familles entières de captifs. Il ne manquerait pas de bras qui se tendraient vers nous pour nous dire : « Blanc, achète-moi. » Mais à quoi bon s'exposer à un spectacle si déchirant, puisque nous n'avons même pas de bourse. Ces pauvres enfants qui seraient l'objet de la sollicitude des missionnaires sont destinés à être exploités toujours par des maîtres impitoyables. « Pour eux, les « fétiches sont bons, dit-on ; jamais on ne fera rien de ces « brutes : voleurs ils naissent, et voleurs ils meurent. »

S'il était donné à ces milliers de chrétiens français qui cherchent une bonne occasion de faire le bien et de placer à gros intérêts une partie de leurs revenus, d'assister du haut de leur balcon à ces déplorables marchés de chair humaine, plus d'un s'empresserait d'arracher à une vie si misérable ces pauvres frères dignes de toute notre tendresse. Que de saintes âmes pourraient faire du bien à leurs malheureuses sœurs d'Afrique, sans dire adieu pour cela aux douceurs de la vie de famille, sans quitter le sol si cher de la patrie. Racheter un pauvre noir, et le mettre à même de devenir enfant de Dieu, c'est si facile : à nous incomberait la charge de transformer ces petits esclaves de Satan, et d'en faire des chrétiens qui appelleraient du ciel sur leurs bienfaiteurs une pluie de bénédictions. Les chemins sont ouverts, chers confrères ; vous aspirez à la vie de sacrifice, Abéokouta est un nouveau champ confié à votre ardeur. Venez, les païens demandent le blanc de France.

En prenant le chemin d'Abéokouta, nous nous étions mis sous la protection de saint Pierre. Il nous a écoutés, il nous écoutera encore quand nous le prierons de disposer les cœurs en faveur de l'église d'Abéokouta, dont il est le patron. Bâtie sur le roc, elle sera, comme toutes les œuvres de Dieu, inébranlable, et, dès maintenant, elle est assurée du succès final. Nous aurons des épreuves ; les protestants nous font déjà la guerre ; mais c'est pour nous un nouveau gage de victoire. Bientôt, je vous ferai connaître ce peuple laborieux des Egbas ; aujourd'hui, ce petit journal vous dira toute ma bonne volonté.

Lyon. — Impr. P. Mougin-Rusand rue Stella. 3.

www.ingramcontent.com/pod-product-compliance
Lightning Source LLC
Chambersburg PA
CBHW061741060726
47597CB00007B/2704